Ho
Dat is Platt

Cartoons frischweg ut den Noorden

Platt vun
Ekhard Ninnemann
un
Günther Wagener

Carl Schünemann Verlag

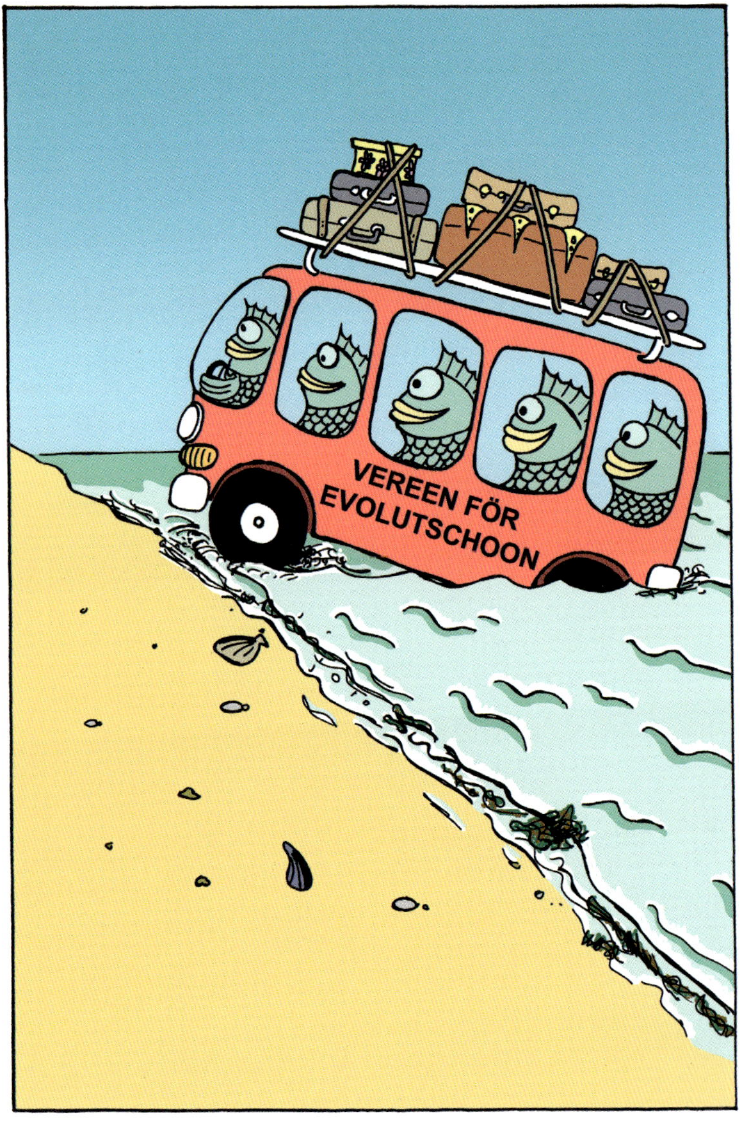
VEREEN FÖR
EVOLUTSCHOON

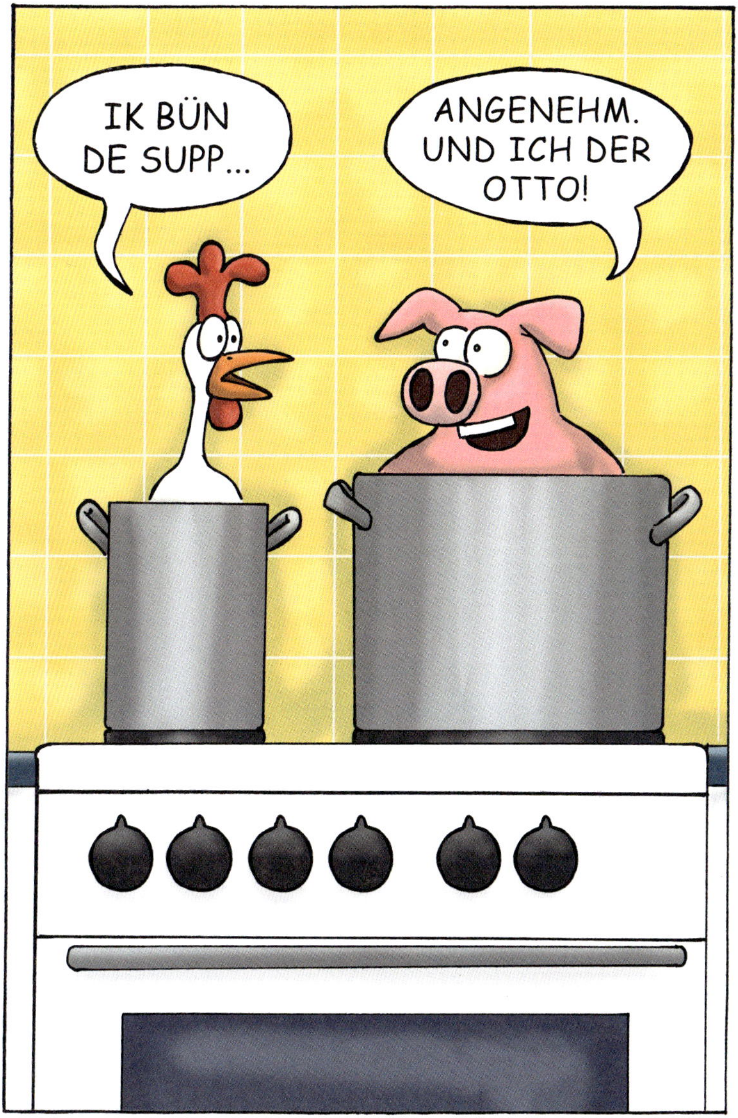
IK BÜN DE SUPP...
ANGENEHM. UND ICH DER OTTO!

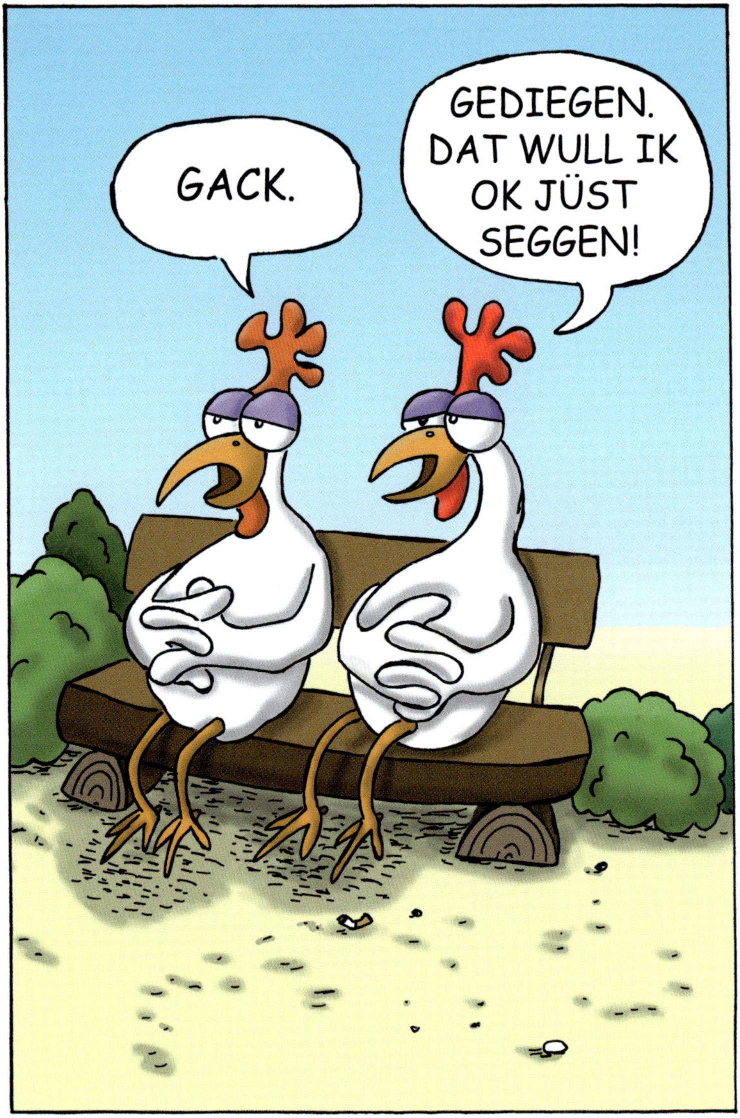
GACK.
GEDIEGEN. DAT WULL IK OK JÜST SEGGEN!

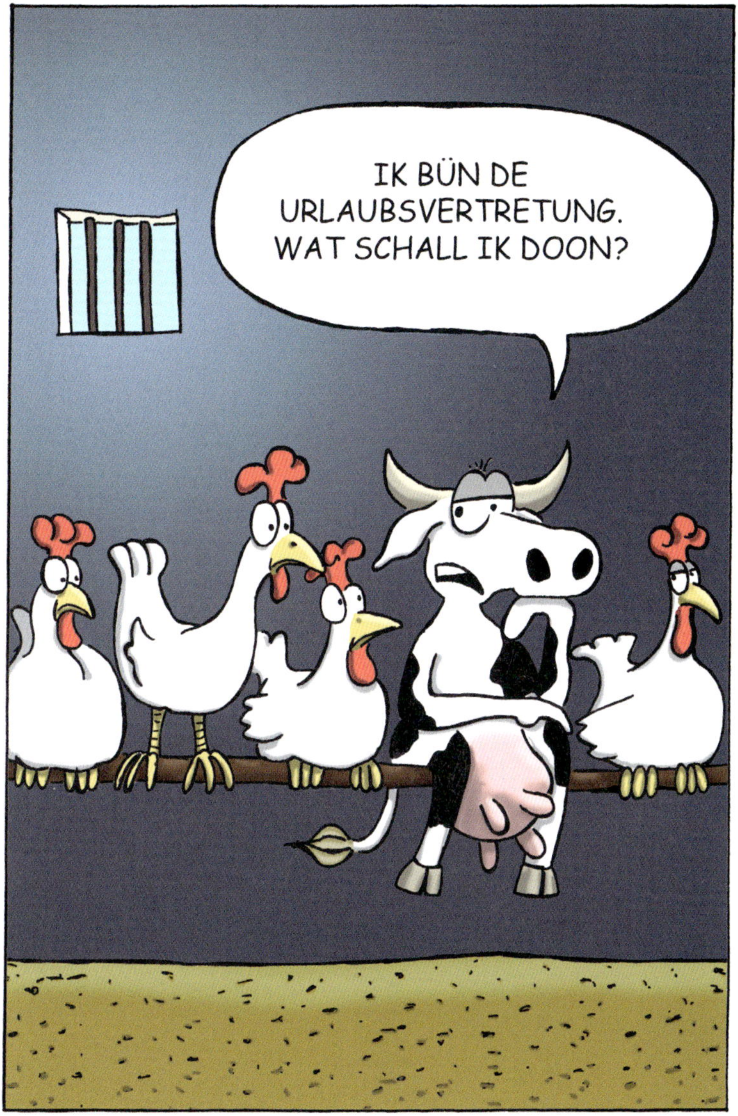
IK BÜN DE URLAUBSVERTRETUNG. WAT SCHALL IK DOON?

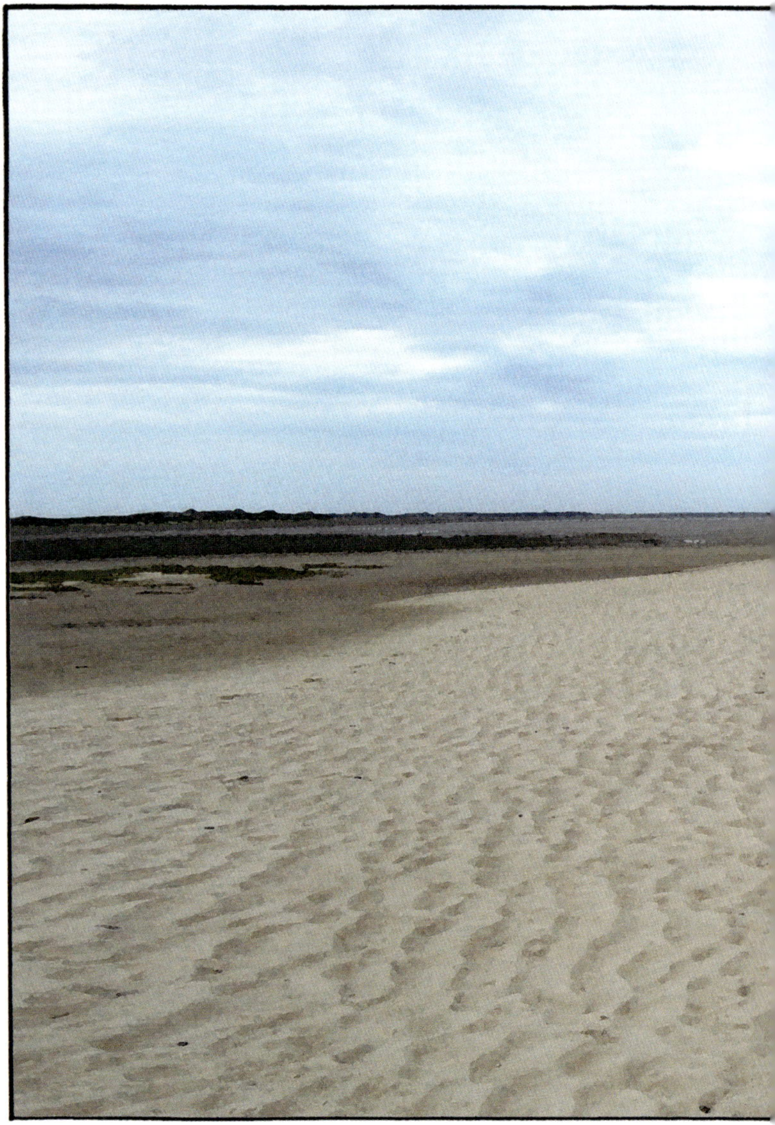

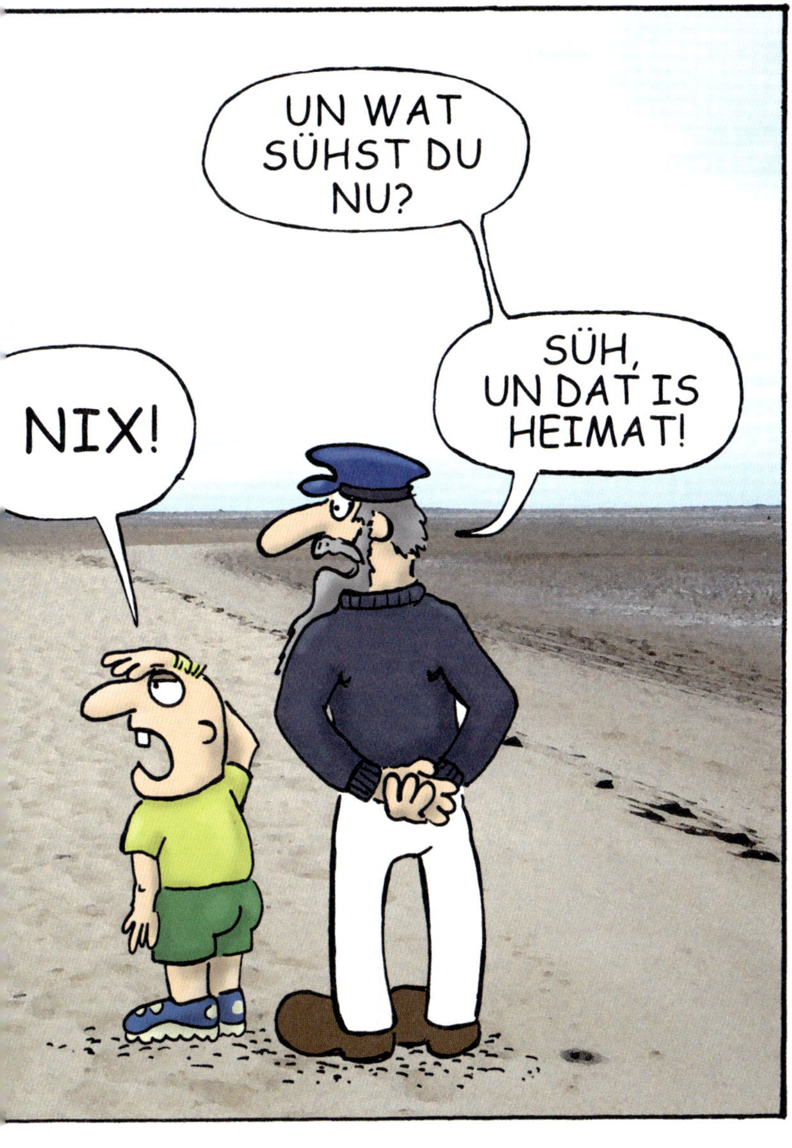
UN WAT SÜHST DU NU?
NIX!
SÜH, UN DAT IS HEIMAT!

DU DÖÖSKOPP! GLÖÖV MI DAT, DU MAAKST EN FEHLER.
DE STORK, DE BRINGT DE KINNER! NICH DE RINNER!

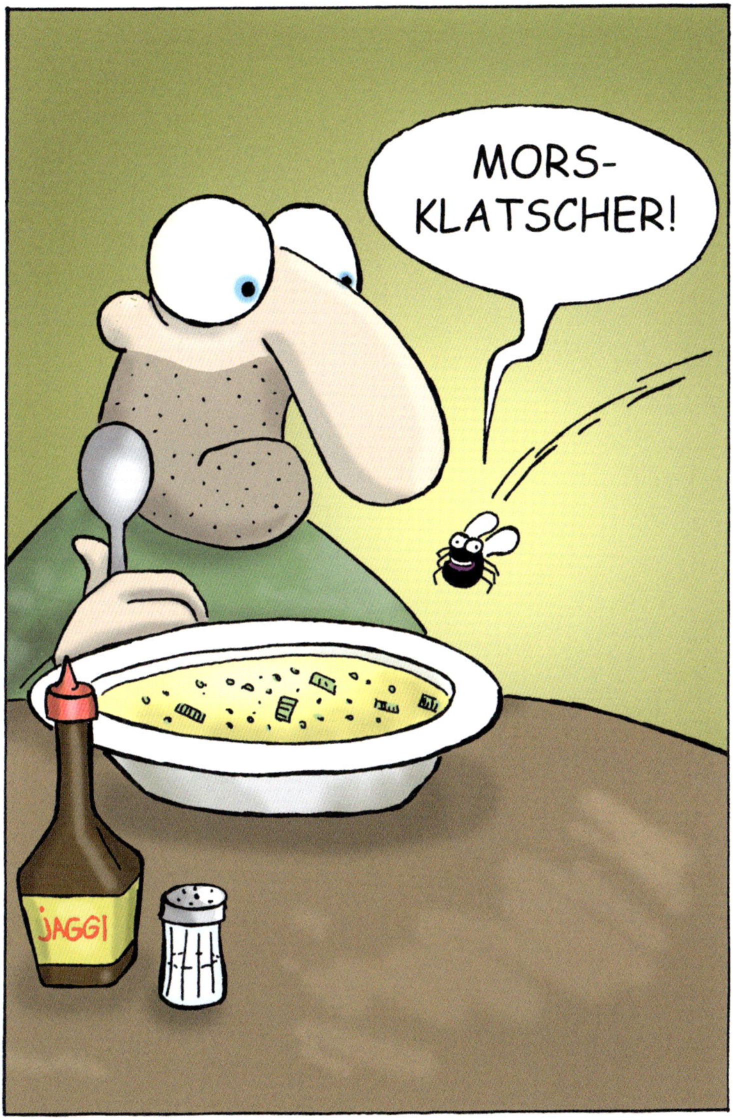
MORS-
KLATSCHER!
JAGGI

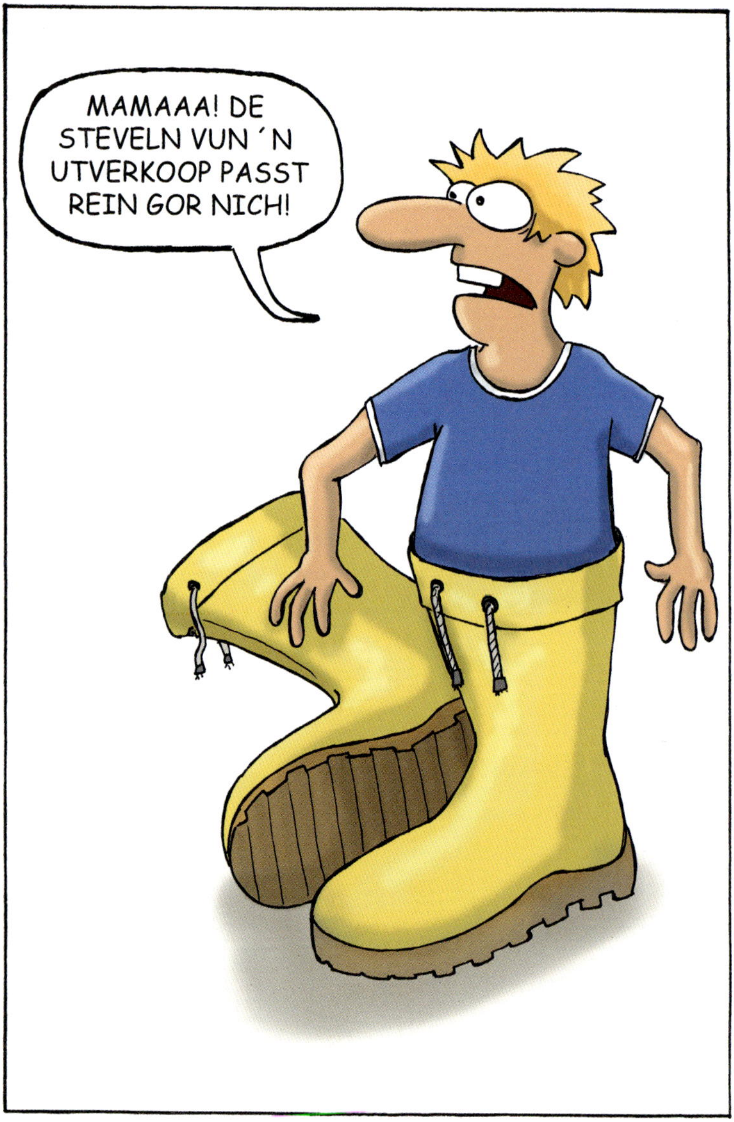
MAMAAA! DE STEVELN VUN ´N UTVERKOOP PASST REIN GOR NICH!

"HAUPTSAAK, DE KINNER SÜND SATT, SCHIER UN STILL!"

"UN IK DACH, DAT HEET: SCHIER MAKEN, SUER MAKEN UN SOLT ROP STREIN!"

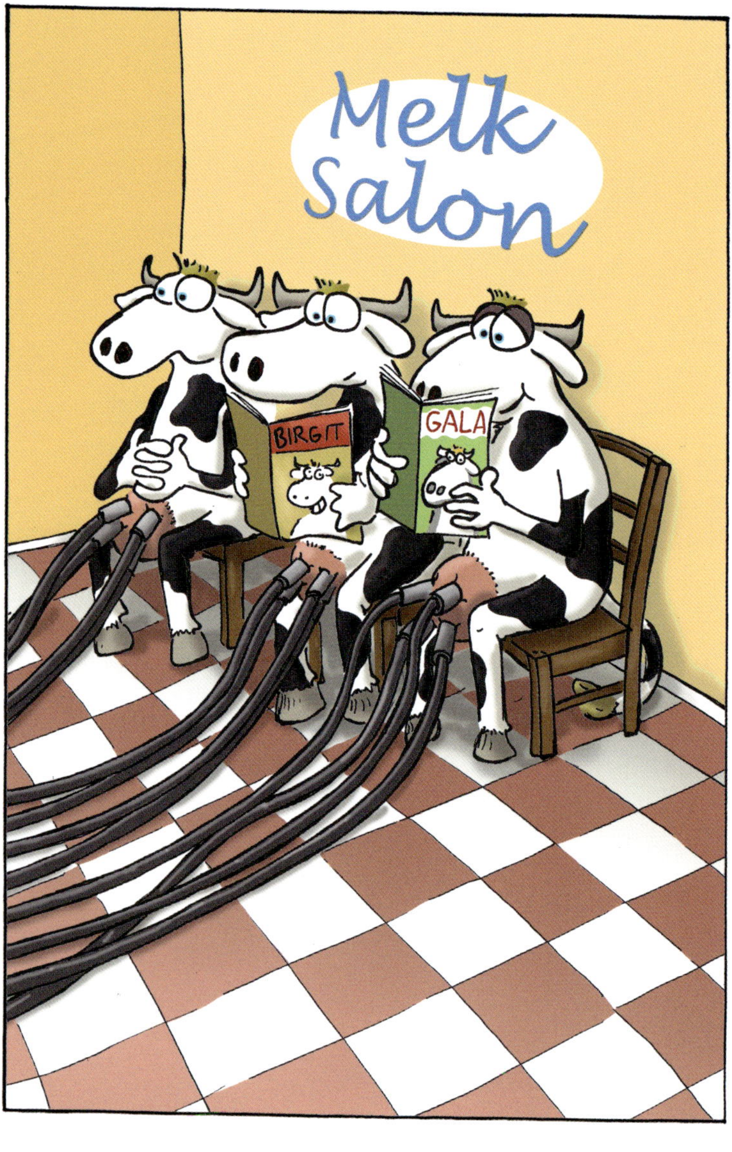
Melk
Salon
BIRGIT
GALA

176-761
716-617
LANG FIX DAT BREEKIESEN RÖVER!
DE LUFT IS REIN, FIETE!
ANNERNLETZT OP SCHRÖDER SIEN EEERDBEERFARM.

MI WEER DOCH MEIST SO, AS HARRN WI LETZTEN SOMMER WAT VERGETEN.

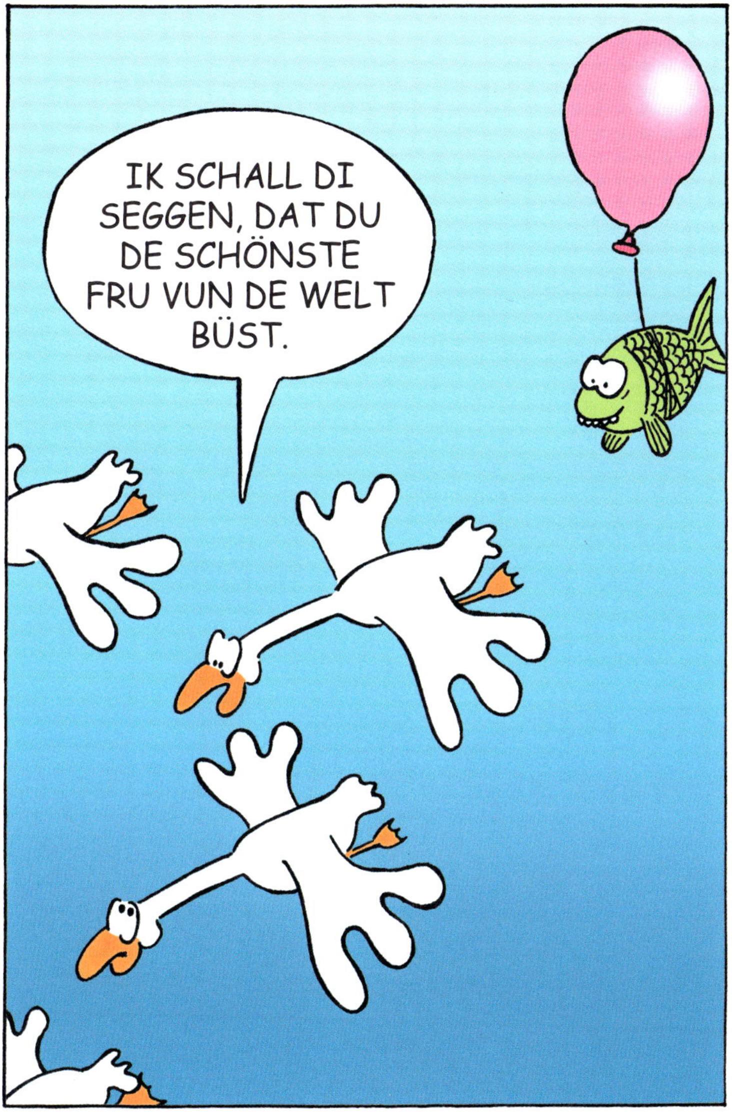
IK SCHALL DI SEGGEN, DAT DU DE SCHÖNSTE FRU VUN DE WELT BÜST.

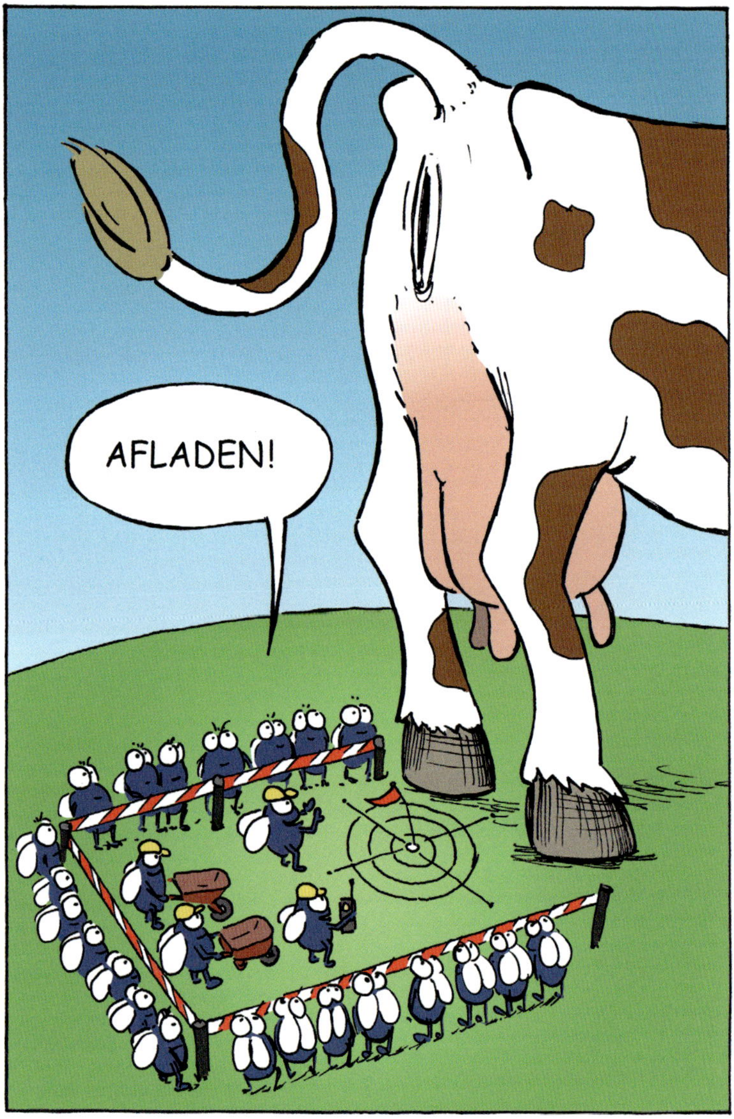
AFLADEN!

TOEERST GEEV DAT EN BEER. DENN EN KLOORN. DENN EN SUURN, DENN WEDDER BEER. DENN EN KLOORN UN EN SUURN. OPLETZT SÜND WI DOR-MIT IN ´N TÜDEL KAMEN UN SÜND WEDDER VUN VÖRN ANFANGEN ...

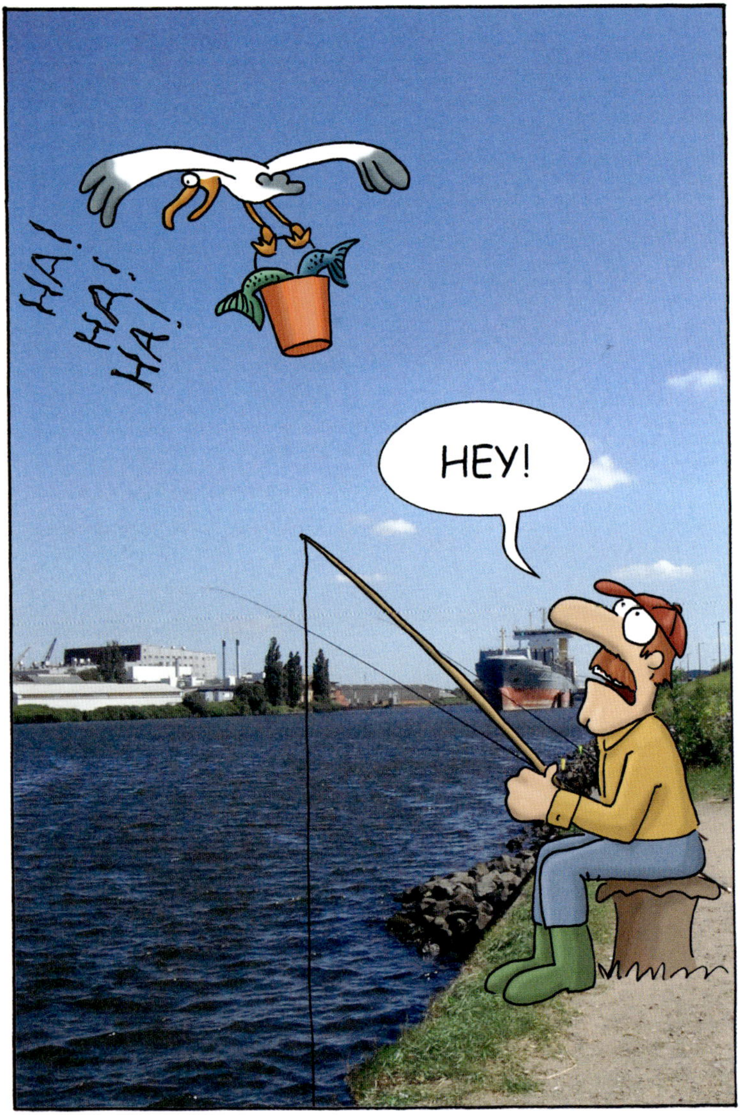
HA! HA! HA!
HEY!

DAT IS WULL DAT „HORS D'OEUVRE". UN WAT GIFFT DAT DENN ACHTERNA AS HÖÖFTGANG?

DE SCHAAP TRÄNEERT FÖR 'N KLIMAWANNEL.

BILÜTTEN KUNN UNS WATTFÖHRER JO WOLL TOGEVEN, DAT HE SIK VERLOPEN HETT.

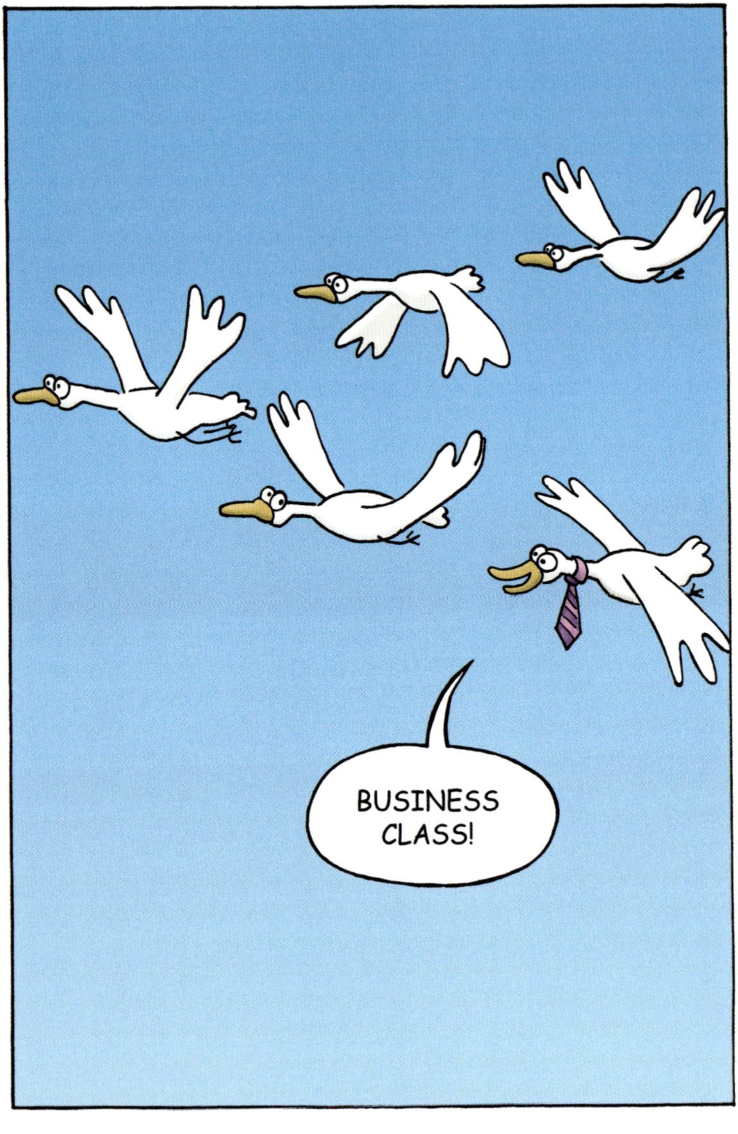
BUSINESS CLASS!

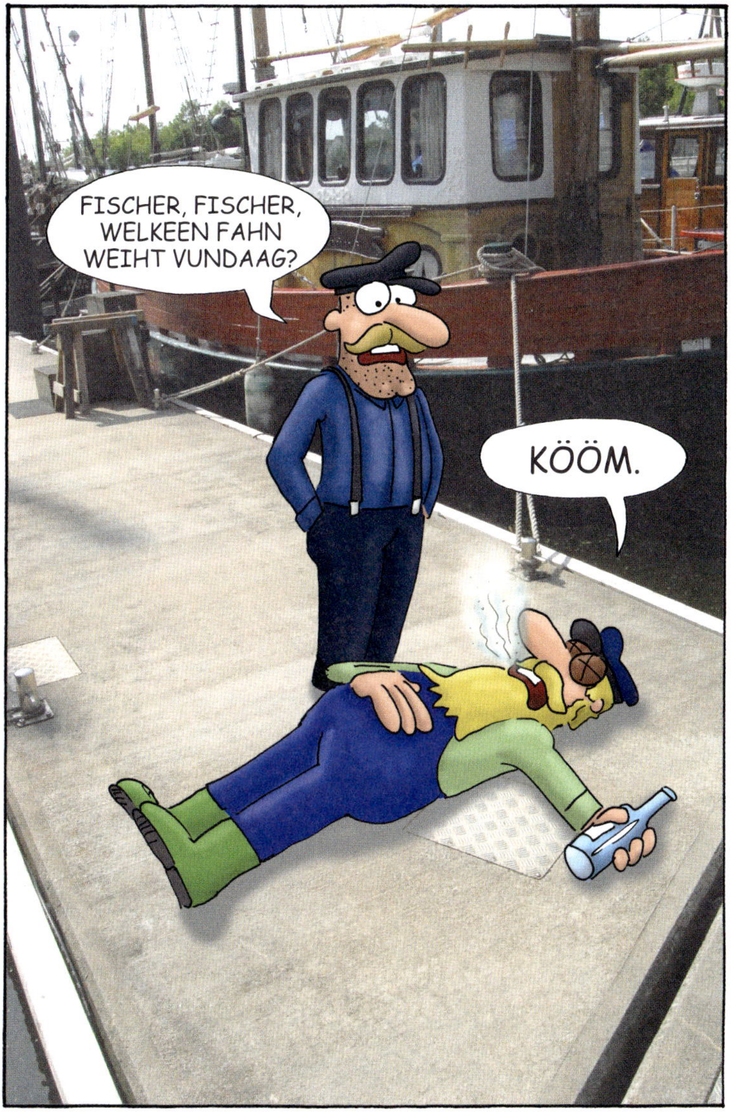
FISCHER, FISCHER, WELKEEN FAHN WEIHT VUNDAAG?
KÖÖM.

NU HEBBT WI DAT SCHAFFT! WUTTELN, SELLERIE, LAUCH UN PETERSILL IN EEN PLANT. UN DAT NÖMT WI NU MANKMUUSKNULL!

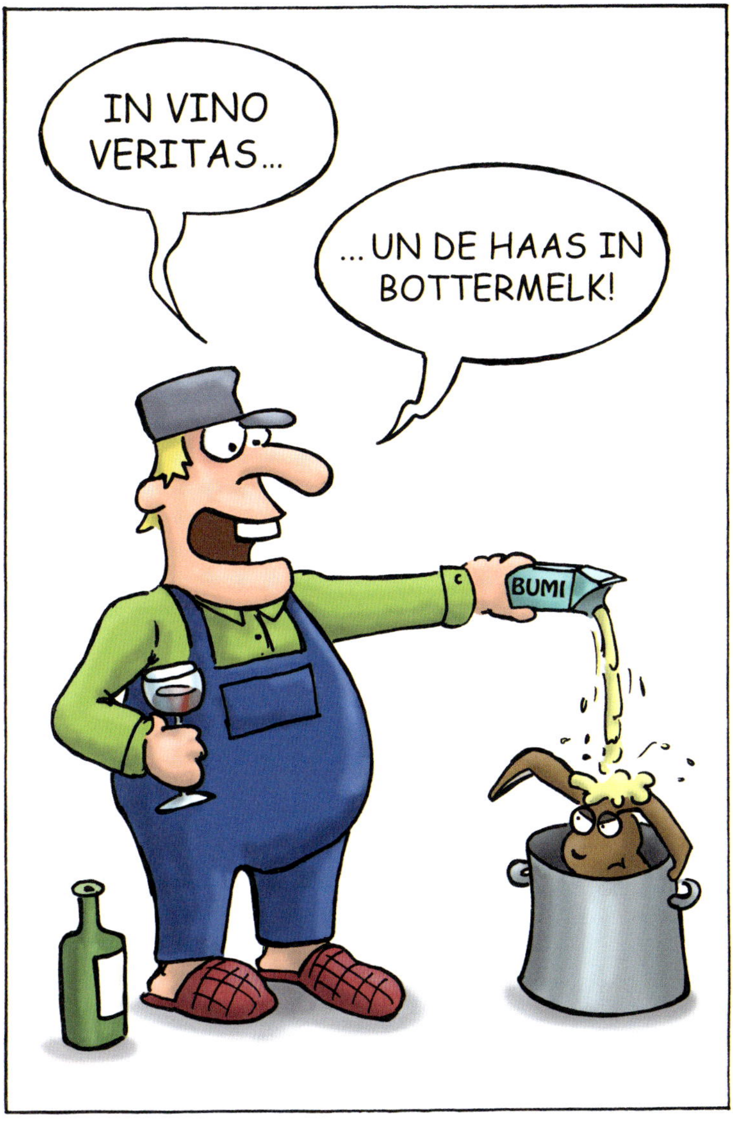
IN VINO VERITAS...
...UN DE HAAS IN BOTTERMELK!
BUMI

"IK HEFF HÖÖRT, DAT SE SIK GLATTWEG DOOTLACHT HETT."

DAT TRURIG ENN VUN EN LACHMÖÖV

KAPTEIN, WOANS KRIGGST DU BLOTS DAT STÜERN HEN BI DÜSSEN NEVEL!
SEGGT WI MAL SO: BI MIEN POSITSCHOON KUMMT DAT IN DE HÖÖFTSAAK DOROP AN, DAT EEN EN WISSE KOMPETENZ UTSTRAHLT.

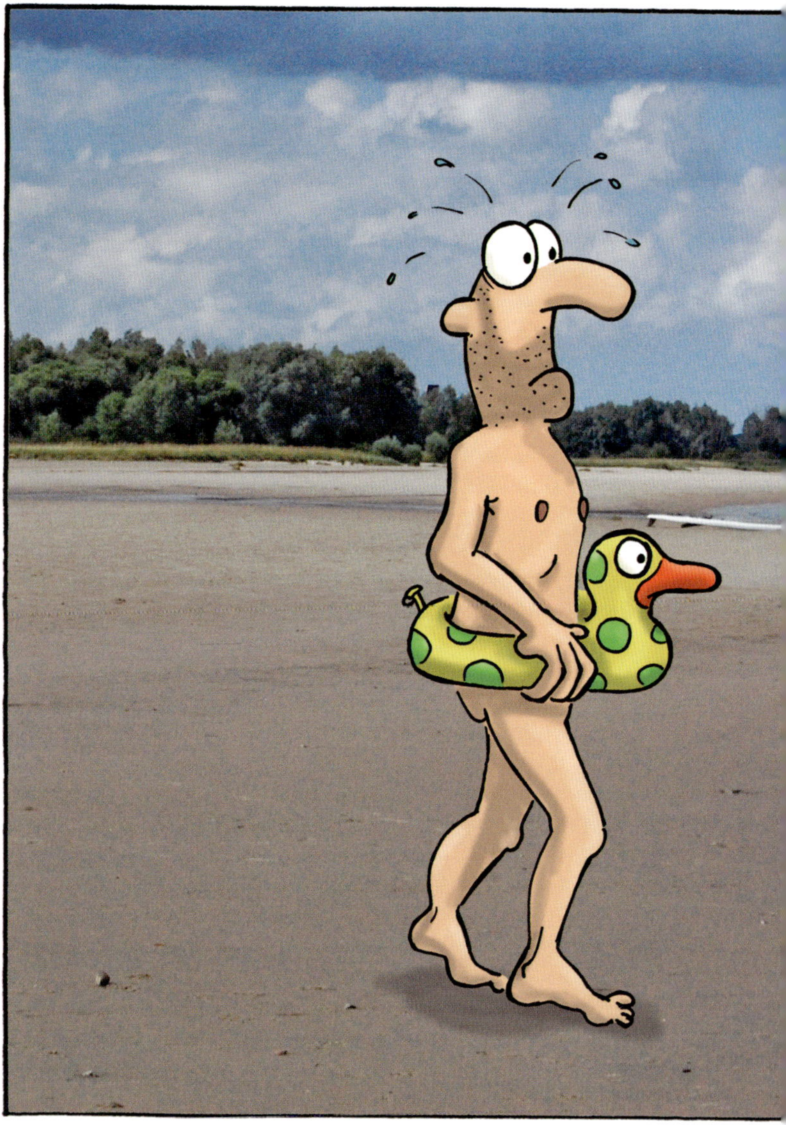

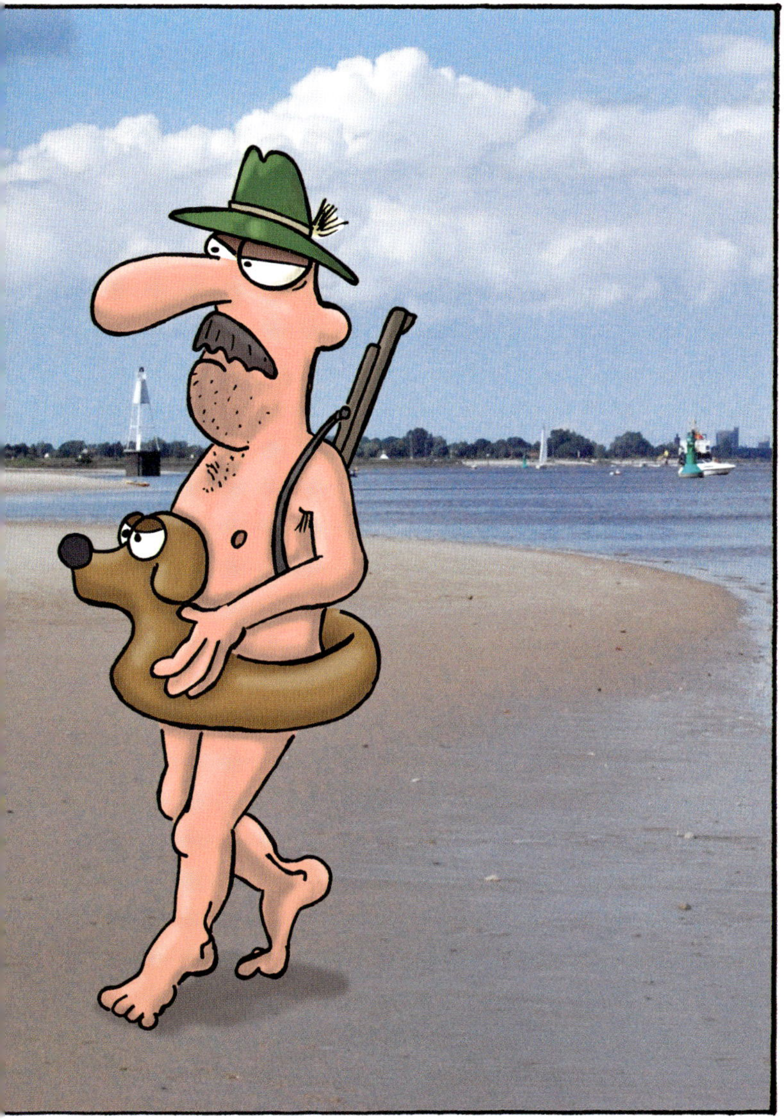

DE KREIH
HETT DEN BLUES.

WOKEEN WILL HELPEN UN DE WELT REDDEN?
AS DE KEUH DAT PUPEN OPGEVEN.

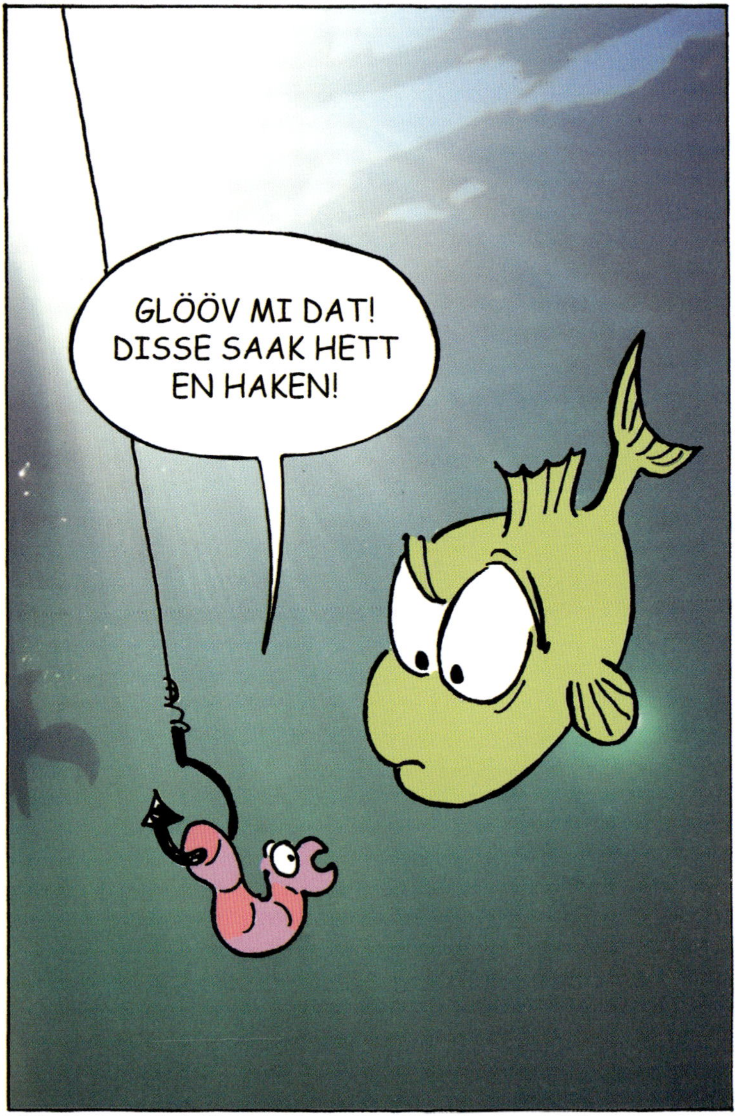
GLÖÖV MI DAT! DISSE SAAK HETT EN HAKEN!

PASS BLOTS OP, WENN DU EN KUCKUCKSKLOCK AN DE KÜST KÖPEN DEIST:

VERDREIHTE KUCKUCKSKLOCK! DÜSSE MÖÖV! SE HETT MI AL WEDDER EN SCHMOLTKRINGEL KLAUT!

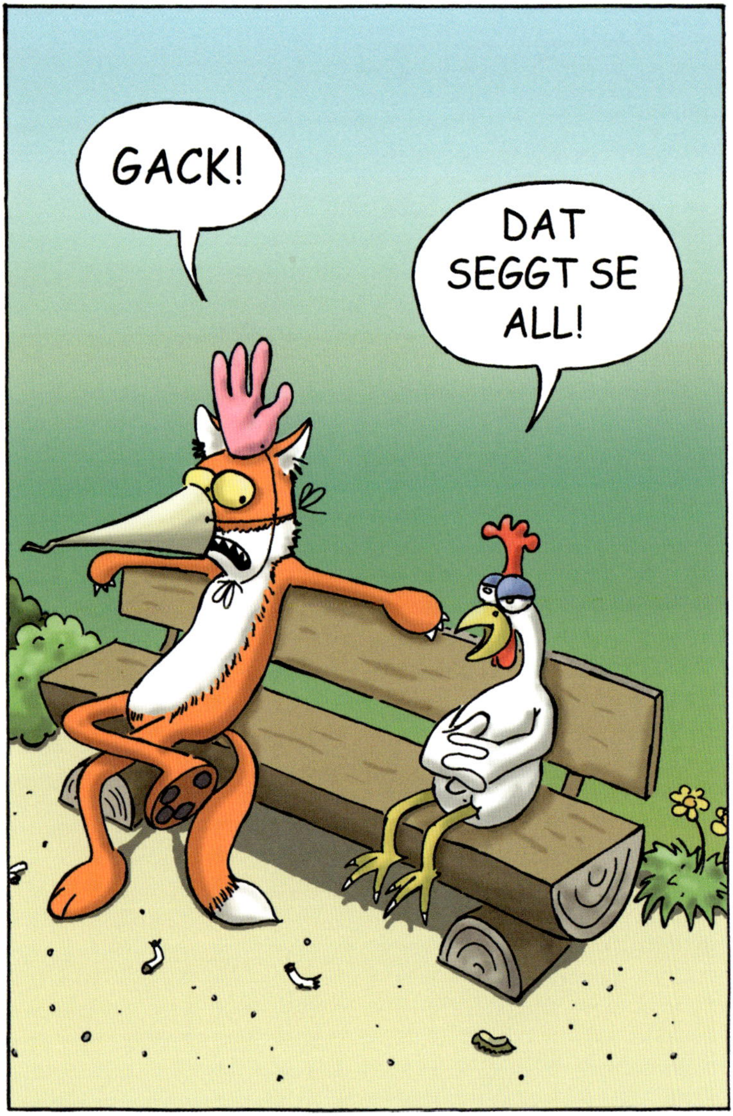
GACK!
DAT SEGGT SE ALL!

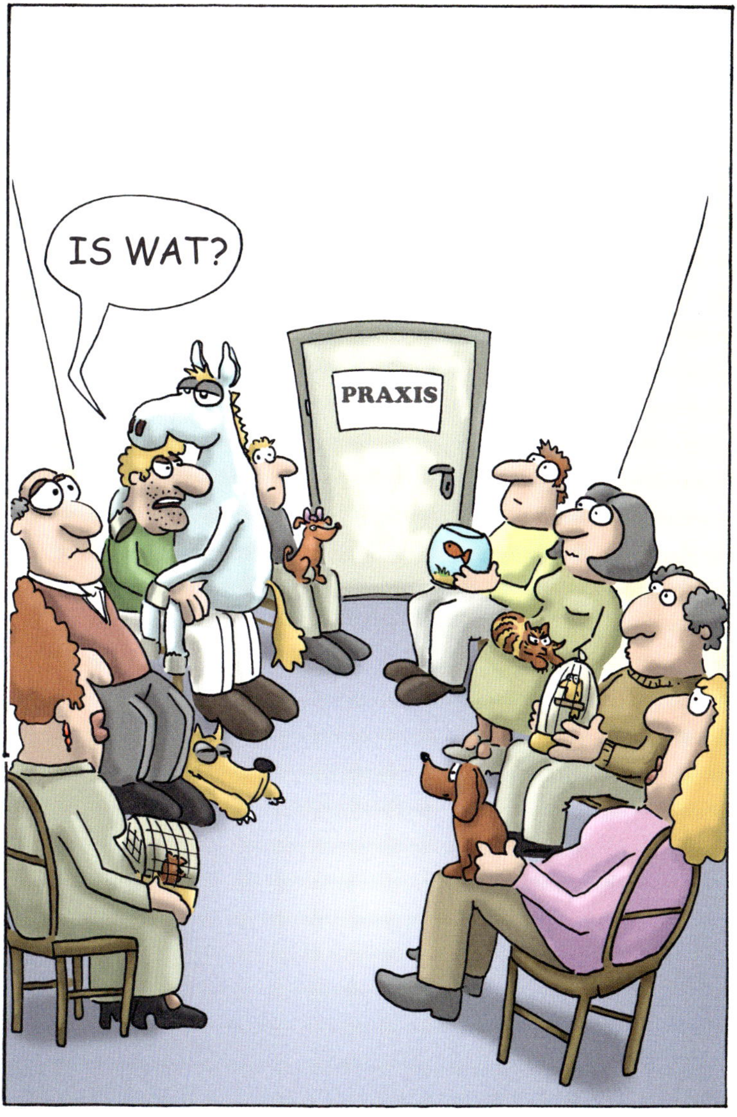
IS WAT?
PRAXIS

HÖÖR MOL TO, MIEN SÖHN. WI HEBBT ANNERS WAT TO DOON! WI KÜNNT DI NICH DE HEELE TIET UT 'N SCHIET RUUTHALEN!

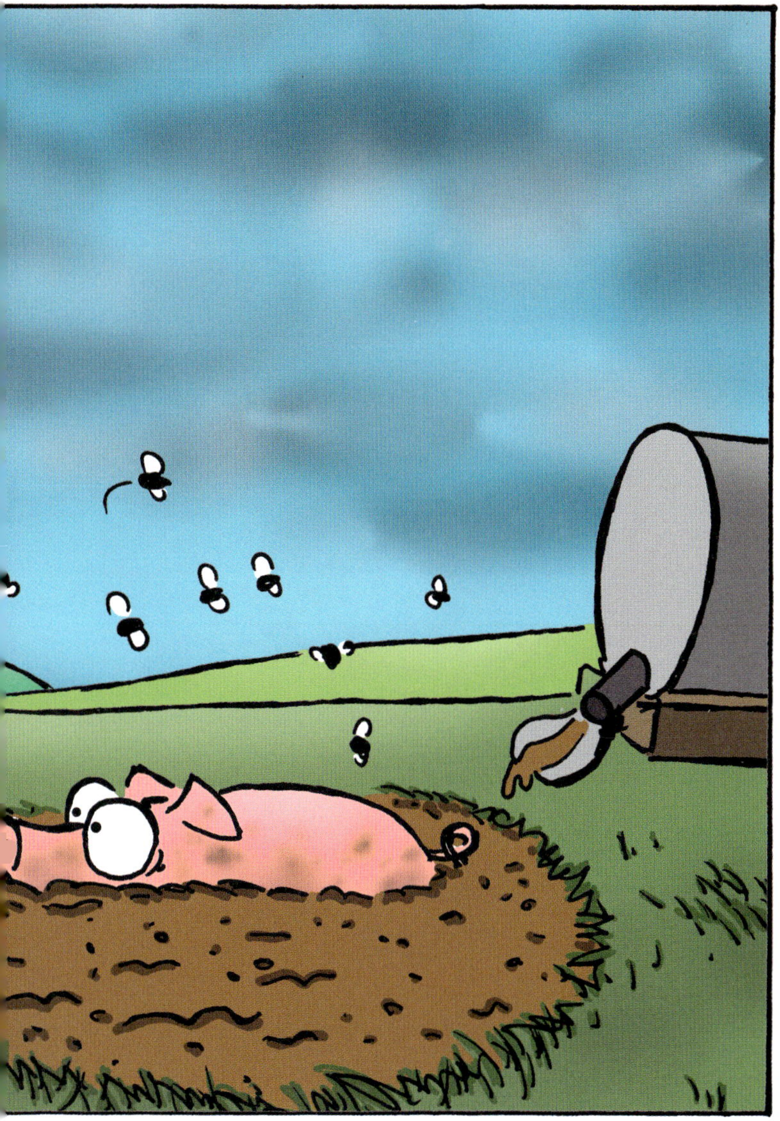

WOVEEL IS EEN UND EEN?

FIEF?

DE DICKSTEN BUERN, DE HEBBT DE DÜMMSTEN KANTÜFFELN.

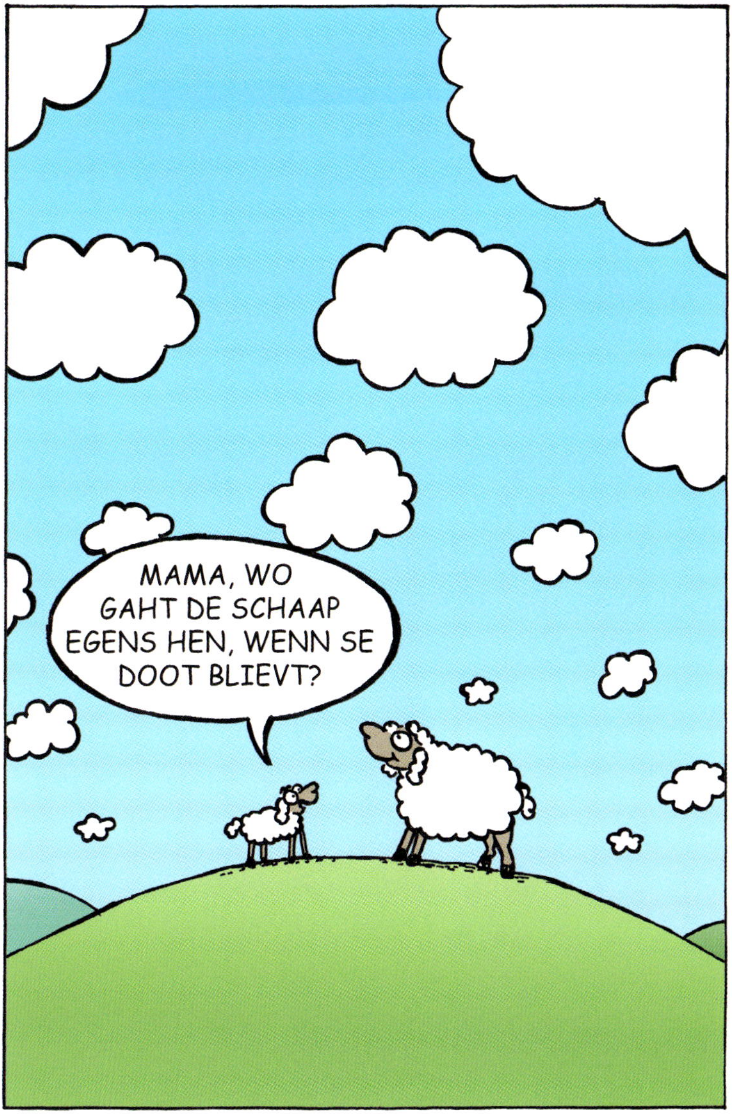
MAMA, WO GAHT DE SCHAAP EGENS HEN, WENN SE DOOT BLIEVT?

IK WEET NOCH, AS DU MI DUNTOMALEN OP DEN FREIMARKT ANBAGGERT HARRST! NEE, WAT HARRST DU EN LOOSE SNUUT!
HEFF IK VUNDAAG OK NOCH!

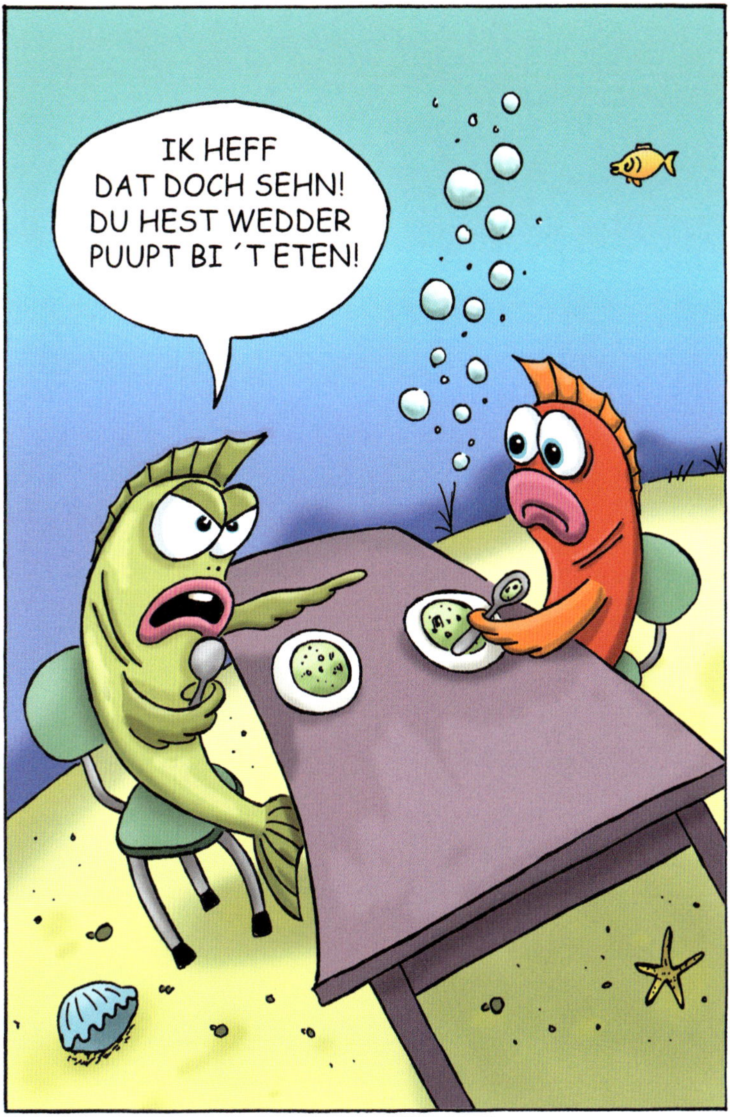
IK HEFF DAT DOCH SEHN! DU HEST WEDDER PUUPT BI ´T ETEN!

HEY, DU BÜST JO WULL NICH DE EENZIGE, DE MAL OP „TANT MEIER" MUTT.
NEWS

MIEN, DE WARD WISS MANAGER, GLÖÖV IK.
UN MIEN: SPEGELEI, DOR BÜN IK SEKER!

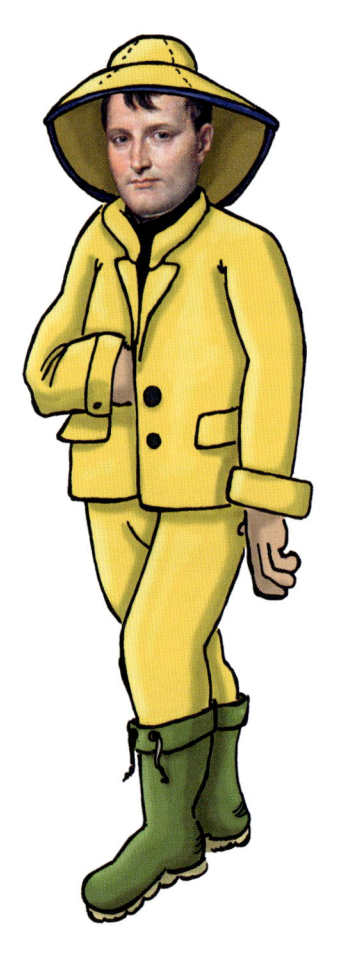

AS DE FRANZÖÖSCH SCHICK
NA OSTFREESLAND KEEM.

IS HIER MEIST SO AS BI DAT SCHAFFERMAHL!
DENN KRIGGT WI NU WISS NOCH BRAAD-KANTÜFFELN MIT MARONEN!

DOR WEREN TWEE KÖNIGSKINNER,
BI DE SWIEN WULLEN SE SIK SEHN.

SE KUNNEN MEIST NICH TOSAMEN KAMEN,
DENN IN BREMEN STAHT SO ALLERHAND SWIEN.

> SCHRÖDER, SE KRIGGT EN INDRAAG IN 'T TUCHTBOOK!

BI 'N MORGENAPPELL.

SÜH! HEFF IK DI WEDDER FAAT KRIEGEN BI ´T WEDDERKAUEN IN ´T BETT!
KLICK

HETT DIEN MUDDER DI NICH BIBRÖCHT, DAT EEN ANNER LÜÜD EHR ETEN NICH IN ´N SNAVEL KIEKT?

DE KAMP TWÜSCHEN HAHN UN WORM:

1.
2.
3.
4.
5.
6. WUNNEN!

LEEFSTEN MIEN, NU GIFF DOCH ENDLICH TO, DAT DU ACHTER DEN AANTENDIEK DE FALSCHE RICHT TOFAATKREGEN HEST!
FALK

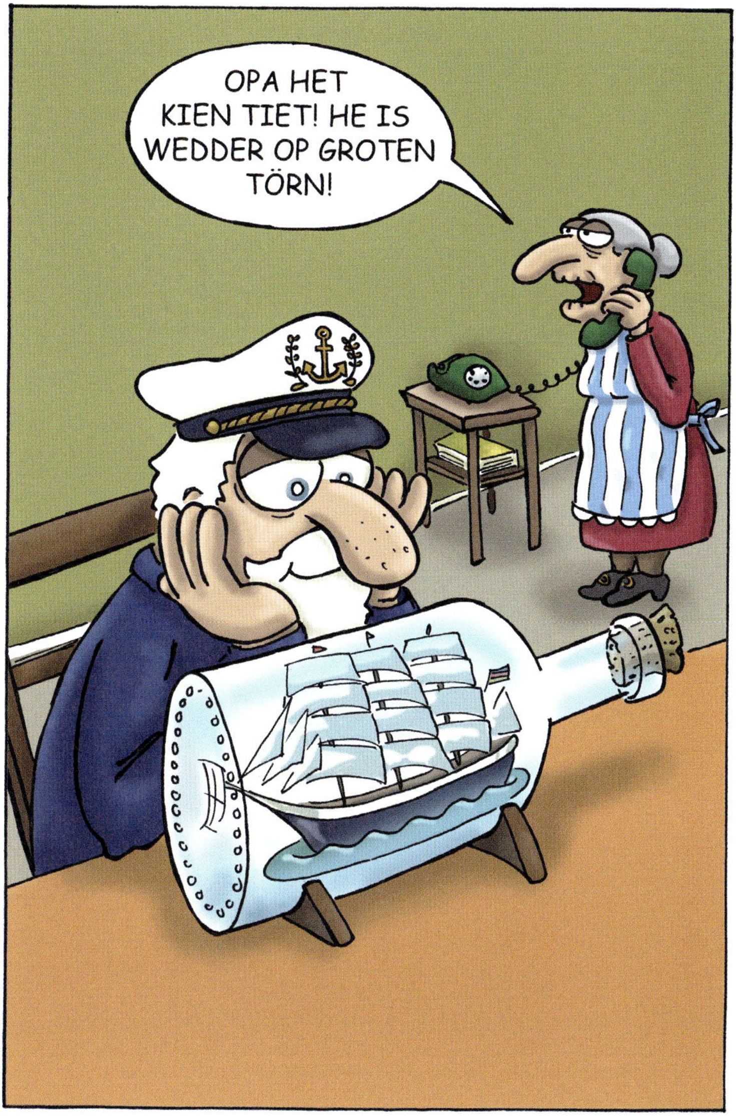
OPA HET KIEN TIET! HE IS WEDDER OP GROTEN TÖRN!

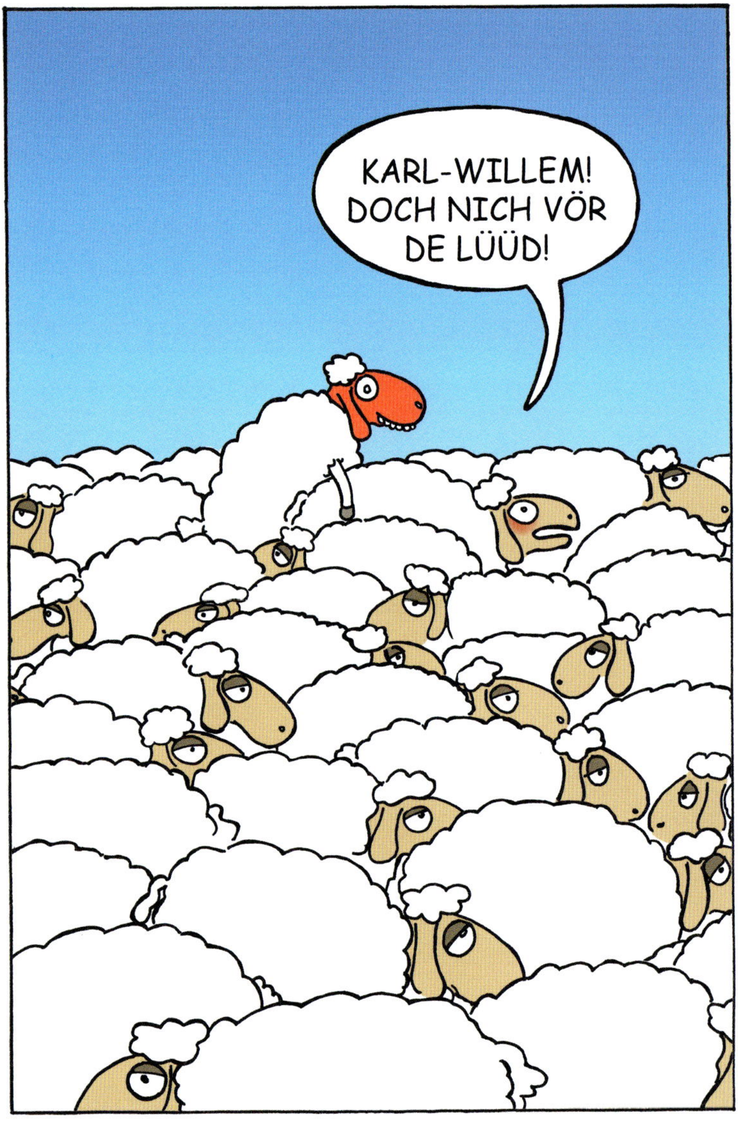
KARL-WILLEM! DOCH NICH VÖR DE LÜÜD!

IK GLÖÖV, DOR LIGGT WAT SCHEEF IN DAT NOORDDÜÜTSCHE DEEPLAND.
BÜST DU SEKER? VILLICHT IS JO MIT UNS WAT SCHEEF.

UNS NOORDEN UN DE KLIMAKATASTROOPH:
WAT IS DENN HIER LOS?
WI BOOT DEN DIEK, UN DENN BOOT WI RIESLING AN VUN DE NORD-SEE RÖVER NA DE OSTSEE!
HOTEL
PARIS
LONDON
AURICH

KIEK, MIEN SÖHN, UN DAT IS DAT ENN VUN DE WELT!

NÜLICH AN´N RAND VUN´T MOOR.

BI MÖVENPICK:
WAT HEBBT SE FEINET AS MENÜ?
AS HORS-D´OEUVRE: HERING. AS POISSON: HERING. AS GROSSE PIÈCE: HERING. UN ACHTERAN SALAT À LA HERING. UN WULL DE HERR OK NOCH EN FEIN DESSERT? IK DINK DOR AN ...
MENÜ

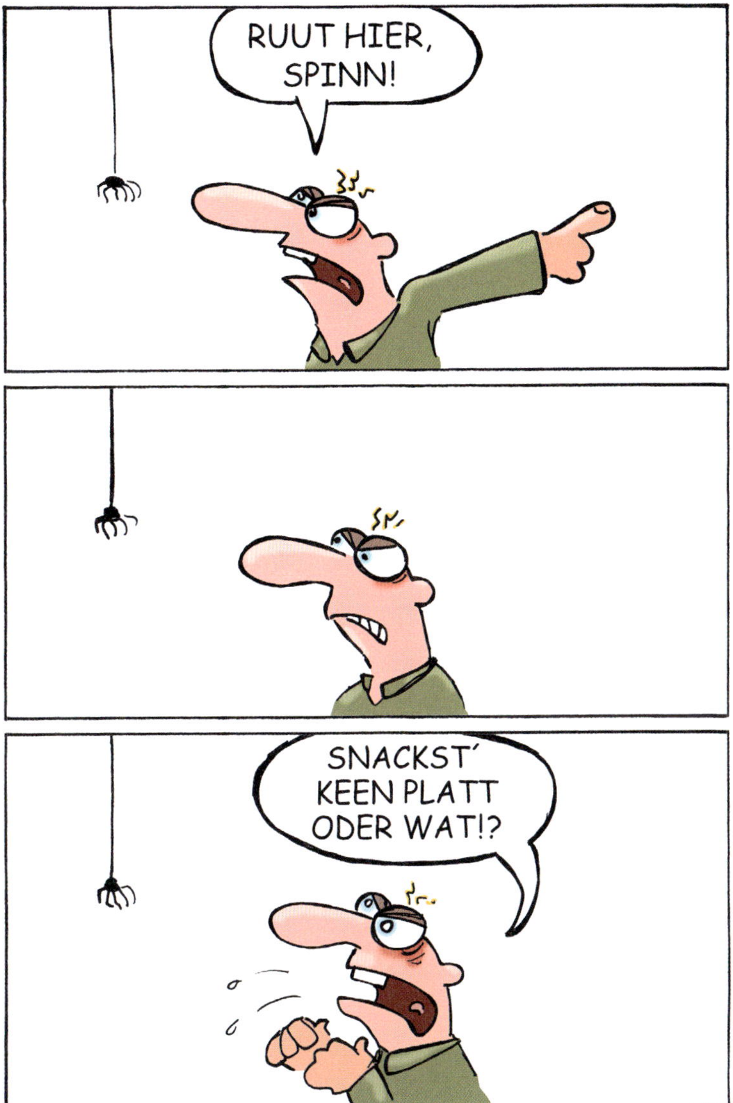
RUUT HIER, SPINN!
SNACKST´ KEEN PLATT ODER WAT!?

HEY. IK BÜN VEERTIG ZENTIMETERS LANG UN MIEN ACHTERSTEN WARRT DI BI DE BÜX KRIEGEN.

SCHULZ
BLATT
RESERVEERT FÖR
FAMILJE MEYER
SUN
MAN
AQ
SUN OIL
SUN

DAT EI WILL PLIETSCHER WEEN AS DE HEEN:

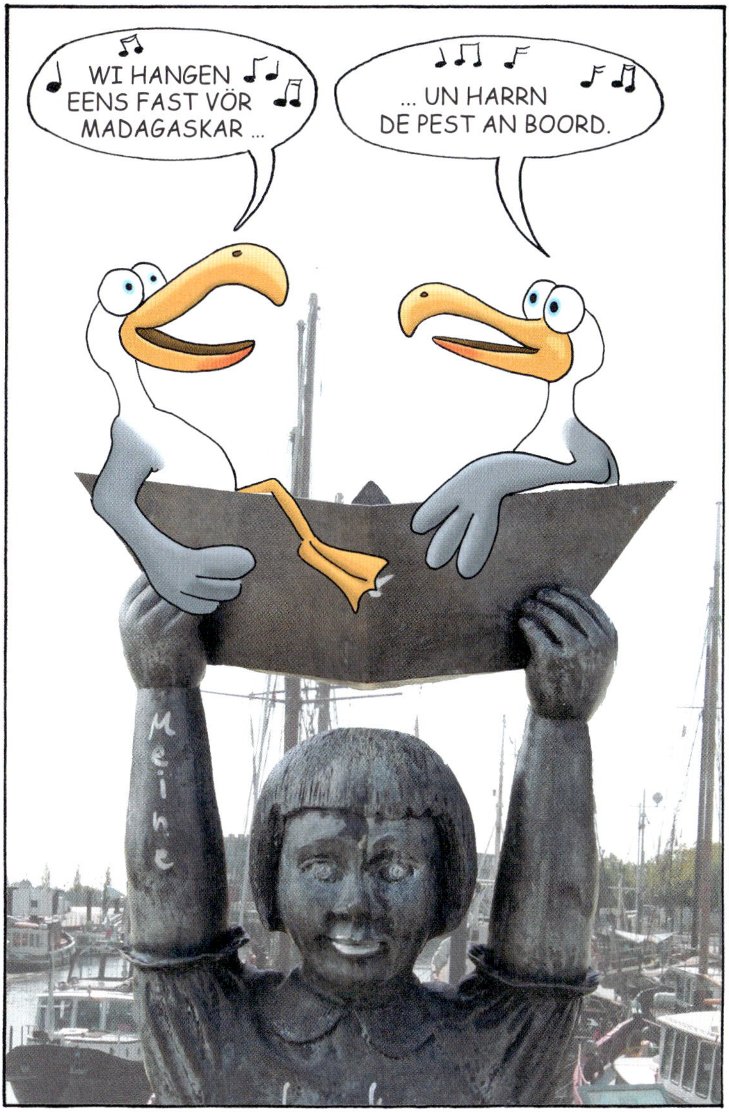
WI HANGEN EENS FAST VÖR MADAGASKAR ...
... UN HARRN DE PEST AN BOORD.

Die Deutsche Nationalbibliothek verzeichnet diese Publikation in der Deutschen Nationalbibliografie; detaillierte bibliografische Daten sind im Internet über http://dnb.dnb.de abrufbar.

© Carl Ed. Schünemann KG, Bremen
www.schuenemann-buchverlag.de

Überarbeitete Neuauflage 2023

Nachdruck sowie jede Form der elektronischen Nutzung – auch auszugsweise – nur mit Genehmigung des Verlages.

Cartoons und Idee: Horst Pohl, www.pohls-unarten.de
Plattdeutsche Übersetzung: Ekhard Ninnemann, Günther Wagener
Gesamtherstellung: Carl Schünemann Verlag

Printed in EU 2023

Klimaneutral
Druckprodukt
ClimatePartner.com/12995-2306-1006

ISBN 978-3-7961-1193-8

Besuchen Sie uns auch auf Facebook oder Instagram.